Sanojen takana toiset sanat

Mari-Kaisa Virtanen

Sanojen takana toiset sanat

Runoja vuosilta 2008 - 2022

Kustantaja: BoD – Books on Demand, Helsinki, Suomi
Valmistaja: BoD – Books on Demand, Norderstedt, Saksa

ISBN: 978-952-80-6950-8

Lukijalle:

Ensimmäinen runokirjani on tehnyt tuloaan jo kauan. Olen kirjoittanut tekstejä vuosien varrella paljon kahdella kielellä, suomeksi ja saksaksi. Tähän julkaisuun on koottu pieni osa suomenkielisistä runoistani sekä yksi saksankielinen runoni ja sen käännös.

Olen aina pitänyt sanoista, rivien välistä ja sanojen takaa löytyvistä merkityksistä. Kirjoittajana minulle on tärkeää paitsi sanojen monimuotoisuus ja merkityksellisyys myös sanakokonaisuuksien soinnillisuus, sanojen rytmiikka.

Kirjan alussa lähdetään vuodenkierrosta kertovien runojen matkaan, jatketaan ihmissuhteiden monimutkaiseen maailmaan ja pistäydytään lyhyiden runojen sekä värssyjen luona. Kirjan loppupuolella kuljetaan terveydenhuollon kautta eläinkunnan ihmeellisiin käänteisiin.

Toivotan sinut sydämellisesti tervetulleeksi runojeni pariin. Toivon, että löydät runoista itseäsi puhuttelevia kohtia ja sanojen takaa löytyviä toisia sanoja.

Mari-Kaisa Virtanen

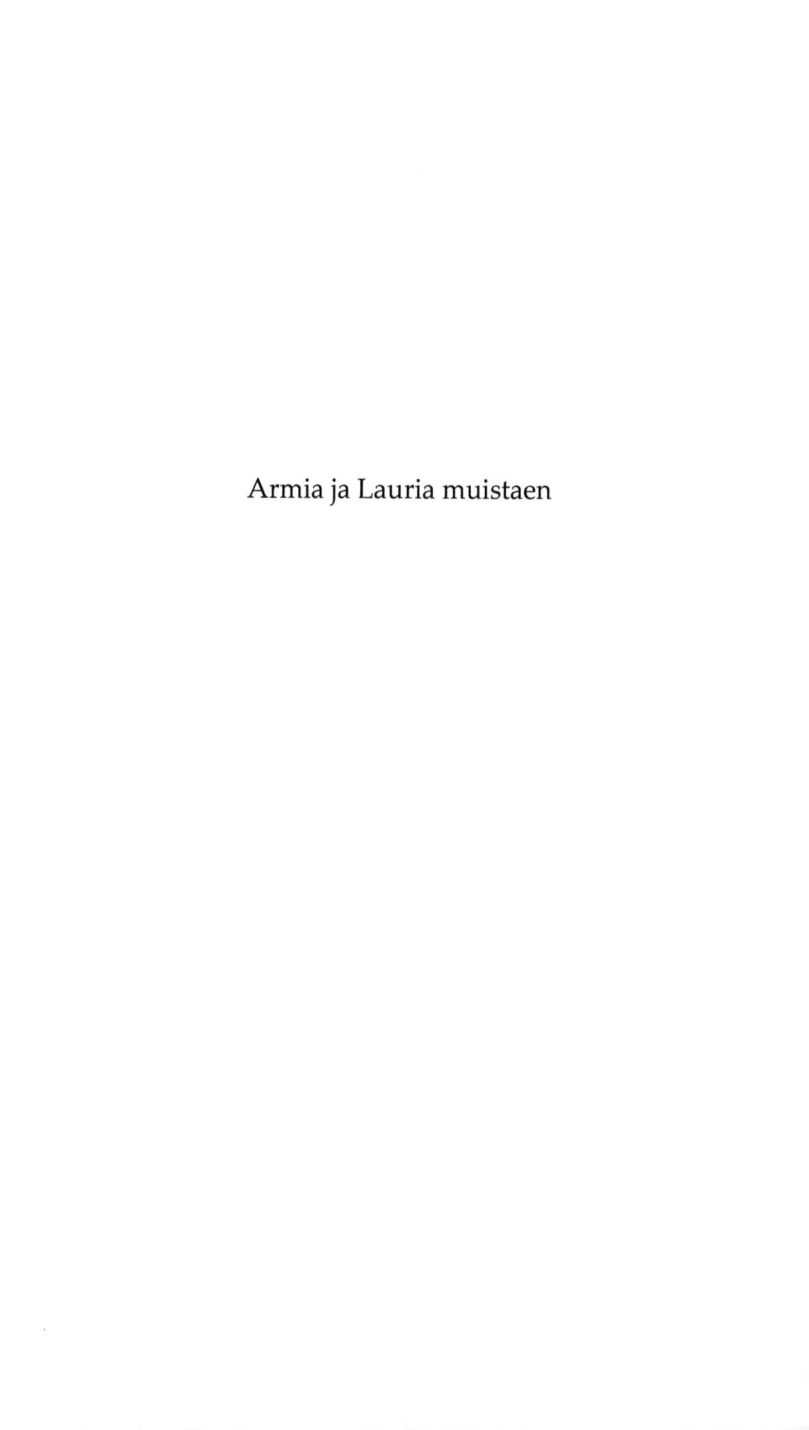

Armia ja Lauria muistaen

Vuosi kiertyy, aika kulkee.

Iltojen ilahduttaja

Kevät lensi tänään pihapuuhun.

Suurenevasta auringosta
suuntansa hakeva
pitenevän illan ilahduttaja.

Ei se enempää tarvitse
kuin oksalta haihtuvan pisaran
maasta työntyvän vehreyden

iloitsevan ihmisen, joka sallii
äänen viivähtää
kevyenä kevättuulena
käsivartensa pinnalla

hymyilee pesäpuun sielustaan
antaa luvan
tehdä oksilleen kodin.

Ihana päivä

Pilvetön iloni
riemuitsee kevään kirkkaudesta

kiurujen äänet
kaarina taivaalla

hengitän pälvistä avautuvaa
heinikkoa, mullan tuoksua

hangen taivuttamista
korsista, oksista, käpyjen rangoista

syntyy sydän

seppele
sinun oveesi

avoinna kevään käydä.

Tulossa tuulten päällä

Kevään ensimmäinen kukka
aukeaa aavistaen

tuulen mukana liikkuvan
pehmeän
lämpöä enteilevän viestin

seisahdu
kuuntele hiljaa silmät kiinni

se on tulossa
ihan lähellä

veräjä värisee jo.

Taitaa tuulla kevättä

Kosketuksesi on untuvankevyttä unta
puuvillapitsiä
itsepainettuja kuvioita
lakanan reunoissa

näinä päivinä
aurinko nauraa räystään raoista
häikäisee hohtaessaan vesipisaroissa

ja meidän sydämemme
hehkuvat, puhkuvat
pussilakanapurjeina.

Kolme kevätkukkaa

Kielo

Valkeana maa jo loistaa,
kukkavanat monet toistaa,
tuoksusi on vieno
kellokukka hieno.

Kullero

Varjopaikkaan hehkun antaa,
keltaisena kukat kantaa,
voinappi, pallokuu
kullero on, mikäs muu!

Lemmikki

Lempeä on sinen häivä,
heleänä kevätpäivä
viestii: unohda sua en,
siks' annan sulle kukkasen.

Vihreässä meressäni
lainehtii pehmeä ruoho

Kuunnella valoa
varjojen väistyessä

katsella kevyesti
kastepisaran kuultoa

kesä

se on levittäytynyt
purjeeksi pihamaani yli.

Taitolaji

Lupiinimereen levitetty
kevyt kesämieli

juosta sen aaltoihin
sinisen juovuttaviin sävyihin
sukeltaa syvälle
kadota kahiseviin lehtiin
kukkavarsien keskelle.

Se on taitolaji:
osata olla hillitysti hullu
ja sivistyneesti seonnut.

Kuin kesäheinää

Kosketa minua kuin kesäheinää
kämmenpohjalla pehmeästi

silitä sydämeeni sanojesi siemen
niin taivun tuuleesi, liitelen luoksesi
lämmitän leutona autereen alla

ja silloin sisällämme
kesäpäivän lipumassa

seisahtuu aika.

Näetkö
tunnetko,
kuinka hiljaisuus

tuulee

tyyntä?

Kesäyö

Vedenpinta
ääriään täynnä

kuikka huutaa
tyyntä kohti

hiljainen hyvyys
pesii käsiesi uurteissa.

Pieni pala taivasta

Tänä aamuna huomasin
lehmuksenlehdellä
pisaran jäljen

kesän kaartuva kaikkeus
kasvattaa sisintä

nähdä ja kuulla
toinen ihminen

kuin olisin
pieni pala taivasta

sydämeen saapunutta sinua.

Kesällä laiturilla

Se oli kesä laiturilla,
kun avantojen reunat
aaltoilivat järven rantoja pitkin
menneet hanget piirtyneinä
froteepyyhkeen laskoksiin.

Kalojen välke silmissäsi
kerroit satuja lehmipoluilta
omenavarkaiden paratiisista
sähköaitojen valtakunnasta
naapurin pellon laidalla
lasten kirkkaat äänet.

Se oli kesä laiturilla,
kun tartuit hiekkana varpaiden väliin
ja minä puhalsin
tuulen tyyneksi laineilla,
ettei pieninkään hiekanmurunen
varise lautojen välistä
veden vietäväksi.

Lapsuuden kesiä

Kurjenkellon, kaurapellon
ohi kulki tieni,
viljantuoksun, ojanjuoksun
muistan, olin pieni.

Ketunleivät tieltä veivät
metsän varjoihin,
auringon valo, siintävä talo
ja metsästä takaisin.

Niityn perho, usvaverho
seurasivat silloin,
puron juoksut, kukkain tuoksut
aamuin, päivin, illoin.

Mansikoita! Maitoa, voita
kun naapurista hain,
lapsuuden kesät, sydämenpesät
näin muistoihini sain.

Tunne sade

Kevyt kosketus kuin sulan viive

kun syksynvärinen varjo
kultaa auringon säteet

kesän kehrä, keritty taivas
tallessa takkatulessa

loimussa lämmin sävy
syvällä sydänliekki

sateella tunne
sisälläni
sammumaton kytö.

Syysaurinko

Syyskuussa omenapuut
pukevat ylleen punaiset helmet

sinä katselet minua
ja suupielessäsi asuu hyvä

haravanpiikkeihin tarttuneet
auringonsäteet.

Kurkien syysmuutto

Sieltä ne tulevat, syyspäivän kirkkaudesta

taivaankyntäjät halkovat ilmaa

tietävät talven tulevan
levittäytyvän peltojen päälle
pitävän pesimäpaikat pantteina
seuraavaan kevääseen.

Ne kohoavat ilmavirtojen mukana
ylös, yhä ylemmäs

huutelevat toisilleen
tervehdyksiä, reittiohjeita
jakavat vahdinvaihtovuoroja
ja näyttävät nuoremmilleen,
miten ollaan kurjiksi:

suoristetaan selkä ja siivenkärjet
avataan aura
yhdessä annetaan tuulten kantaa
suvisia seikkailuja kohti.

Syyssateella

Unelmat
laukkaavat
hämärässä

sinne, missä
on niiden pesä

supatuspolulla
sananjalkavihreän
viltin välissä.

Sshhh!

Syksyn satoa

Metsä tumma salat kätkee,
jotka tarkka löytää.
Syksyn herkku, sieniruoka
koristaa pian pöytää.

Herkkutatti, kantarelli,
rouskuja ja haperoita,
lisää suolaa, sipulia,
mukaan pikku ripaus voita.

Lisukkeena tarjota voi
tummaa kokojyvää,
se vatsaa hellii samalla
ja on myös oikein hyvää.

Uunin kuuman sisuksissa
on jälkiruoka paistuva.
Pure pala punaposken
rakkaudelta maistuva:

punaviiniomenaa
valkosuklaa maustaa saa.

Puolukassa

Kuule, kuinka metsä huminoi.
Katso, miten kurkiaura voi
alla pilven noin ääntä pitää
ja kuinka taivaankaari soi!

Miten maitohorsma yhä itää,
lumen lailla leijuu haituvien vana.

Miten voikaan tänään aikajana
pysähtyä tähän kirkkauteen
ja päivän taipuessa hiljalleen
polku syksyinen mua vie.

Kun ihmissydän palaa juurilleen,
on polun päässä kotitie.

Portti talveen

Hiutaleiden pehmeä jälki
hiljaa hiipinyt
talviuneeni

kaukana kuuluu
korpin kutsu.

Kohme

Ikävä on
rauhaton ajopuu
jäätyneellä rannalla.

Rauhansopimus

Huutaa lumen pintaan
itkeä ikävälle rajat

saada yö syliinsä
valtoimenaan
tähtimeressä

kädet avoinna
antaa ajalle anteeksi.

Talven valvetila

Valon kajastus
sydäntalven päivänä

on kuin
toivonpilkahdus
silmissäsi

kirkas
ja niin lempeä
väsyneen kohdata.

Edes luule

Talven syvään sineen sukeltanut väsymys
roikottaa ripsiä unten rajamailla
unelmien tosi-tosi-maassa
sillä välin, kun
pinoutuneet post it -laput
seilaavat hämillään pölyisellä pöydällä.

Yhdessä lapussa, jossakin,
on numerosi.

Pahoin pelkään,
että se on saavuttanut
Bermudan kolmion
tai purjehtinut
Perjantaiksi pukeutuneena
Robinsonin rinnalle,
enkä ehkä tavoita sitä
ennen ensi kevättä.

Ystävälle

Kevyesti lunta
sataa hiljalleen.
Taivas antaa unta
mieleen väsyneen.

Siunaan sekä peitän,
suojaan kyyneleen.
Taivaalle sen heitän,
siitä tähden teen.

Tänä iltana juoksen ikävää pakoon,
sillä talvella taivas voi olla harmaa

Tänä iltana tahtoisin kääriytyä kerälle
kuulla äänesi hiljaisuuden

lohduttautuisin
lepäisin luonasi hetken
tai vähän kauemmin

haluaisin vain olla

näkisin valon välkkyvän silmistäsi
hymysi hyväksyvän kaaren

tuntisin tuuliesi puhaltavan

saisin syvälle sydämeeni
sinisen kurjenkellopellon

ja keltainen kesäheinä
puhkeaisi taas kukkaan.

Mmm

Helisevä pakkaspäivä
kipristelee poskipäissä,

vaan
suupieltä lämmittää suukkosi

ahomansikan makuinen
kesäaamun kikatus.

Talviunessa

Keittiöjakkaralla istuva väsymys
lyö kättä sinisen hämärän kanssa.

Näen päivien katoavan kinosten alle
unohtuvan, vaimentuvan,

enkä sanaakaan saa paperille.

Kopioin vain ikävääni
ikkunan lumitähdistä.

Arvaa mikä?

I

Pyöreyttä löytyy kyllä,
kaulaliina, hattu yllä,
kiviä ja porkkanaa,
niitä ei saa unohtaa.

II

Hampaat iskee pintaan kuoren,
mieluiten syö oksat nuoren
omenapuun, vain jäljet jää,
kun vilahti sen hännänpää
ja korvat, loikkii "yks', yks', kaks'"
se nopeasti kauemmaks'.

III

Alhaalta ylös ja ylhäältä alas,
vuorotellen kulkee reitti,
muovinen matala tai ratti ja jalas,
nopeavauhtisen kyydistä heitti.

(lumiukko, jänis, pulkkamäki)

Taivas kalastaa

Lumella on nuottansa:
unien, unelmien värinen
viileän valkoinen
välkkyvän hopeinen
koristeltu sinisen sävyin.

Lumella on verkkonsa:
kevyesti koskettava
koristava, kasteleva
kaartaen se taivuttaa
alleen haluamansa.

Ja kun taivas kalastaa,
se peittää kaiken valkeaan
saalistaa puut ja pellot
merkitsee metsät ja maat.

Jääkauden alku

Minä pyydystän kieleni kärjellä lumihiutaleita
olen olevinani muinaislisko.

Sinä kysyt, voisinko mitenkään
kierittää renkaita auton luokse?

Pidä varasi.

Täältä lentää nyt
pari meteoriittia.

Kylmän ote

Talven tuuli
vetinen viima
silmäkulmissani

vieläkään viitsisi
pakata pois
leluja lojumasta lattialta

olen olematta
ajelehdin ajassa
tilassa tyhjää täynnä

pyyhin pinnoilta pölyä
hävitän hetkeksi haikeuden

unohtaen ikävän
sen viiltävän vaikeuden.

Lumella on voima

Se antaa rauhan, levon, peittää,
kimaltelee, varjot piirtää,
ajantajuamme siirtää,
vielä hankikannon heittää.

Se saattaa muotoansa vaihtaa:
rakeita tai räntää, lunta,
leijailevaa talviunta,
pian lumitöitä et voi kaihtaa.

Se kertoo, kuka jäljet piirsi:
hiiren kevyt, hirven syvä,
jäniksellä jälki hyvä
ja minne ilves saaliin siirsi.

Se valaisee ja heijastaa,
antaa iltaan sinisävyt,
kimaltavat kuusenkävyt,
on timantteja täynnä maa.

Tule lumi, sada hanki

Tule lumi, sada hanki,
päästä pimeyden vanki
valoon valkeaan.

Valo toivon meille antaa,
hämärässä jaksaa kantaa
ihmisiä maan.

Tule joulu, tähti loista,
hyvää kierrättäen toista
ilosanomaa.

Soi jo taivas kaiken yllä,
sydänkin sen tietää kyllä,
antaessaan saa.

Tuikkuja, tuoksuja, tähden, tiu'ut

Sinulle toivon jouluun aikaa,
tuikkuja, tuoksuja, tähden, tiu'ut,
että voit laulujen antaa raikaa,
myös että jouluna rauhaan liu'ut,

että voit hetkeksi aikajanan
rauhoittaa, kuten myös sydämes' pielen,
toivon siis sinulle jouluisen sanan
puhuvan, antavan iloisen mielen.

Kuukaudet

Tammikuu

Sataa lunta, pyryttää,
talvi tulee, peittää
maan ja kirkas pakkasää
sinivarjot heittää.

Helmikuu

Kirpeämpää, kylmempää,
talvi ottaa erää.
Valon lisä, järvenjää
pilkkijöitä kerää.

Maaliskuu

Päivät pitenemään päin,
hanki pälvet näyttää,
mullantuoksuun kiinni jäin,
vedet virtaa käyttää.

Huhtikuu

Kevät saapuu, näet sen,
vihreys kun työntyy
esiin, hiljaa edeten,
kylmyys taipuu, myöntyy.

Toukokuu

Linnut saavat puolison,
jyvät, kylvöt maahan.
Touko uuden aikaa on,
kesä tulla saahan?

Kesäkuu

Veden sinet lämpiää,
taivas valoon hukkuu,
tulee kesäsadesää,
käki onnen kukkuu.

Heinäkuu

Helle heittää kuivuuden
heinäpellon laitaan,
antaa mahdollisuuden
vaihtaa lomapaitaan.

Elokuu

Syksyn kausi käynnistyy
elonkorjuutöihin,
vuoden kaunein kuu on syy
unettomiin öihin.

Syyskuu

Kesän kulta lehtiin saa,
metsä marjat antaa,
Arki hoitaa puutarhaa,
omenapuu kantaa.

Lokakuu

Sade saapuu viileää
linnun muuttorataa,
taivaan täyttää lokasää,
syödään sienipataa.

Marraskuu

Luonto taipuu leväten,
lehdet kasaantuvat,
aamu jälkeen pakkasen
näyttää huurrekuvat.

Joulukuu

Adventti ja kynttilät,
kuusen tuoksu, tähti,
joulunajan tervehdys
ystävälle lähti.

Minusta sinuun ei ole pitkä matka.

Itsenään paikkansa löytänyt

Käteni silittää rannan kiveä
merien muokkaamaa
vuosien hiomaa

säröt sulaneet vesien vuotaessa
aaltojen antaessa vaahtojen virrata.

Kuin koskettaisi ihmisen elämää:

erilaisena
sopiva
itsenään
paikkansa löytänyt

käteni muotoisena
sydämeeni kätketty.

Myrskyn jälkeen

Ulkona tuuli
on tyyntynyt

rannan kuohut
kiertyneet
kallioille lepoon,

mutta liedessä loimuaa
vielä tuli,

sillä sinussa on
voimaa
nähdä lävitseni.

Yön valoissa
vaeltavat
keveät varjot.

Yöllä

Yöllä näin sinusta unta:
se oli valon valtakunta.
Oli pilvi ja tähdet ja kuulle
annoin seitsemän suudelmaa suulle.

Juoksin sylistä kuun mä tähteen,
löysin sakarain välistä lähteen.
Näin kuvasi siellä ja siivin
lensin takaisin, syliisi hiivin.

Olet kanssani

Ei kukaan, koskaan
sinun laillasi minuun

hiljaisena piirtona
maisemaan, mieleeni

kuin aavalla tuuli,
joka hipaisee hiuksia
taivuttaa heinikon pintaa.

Rannalla

Olen kolmas korsi
vasemmalta vieressäsi

toivo saa minut
taipumaan puoleesi.

Rannan viivaa

Niin minä otin kengät pois

annoin
soran, heinän, hiekan, veden
tulla, koskettaa.

Hengitin meren kiehtovaa voimaa
janosin suolaista
halusin tyrskyihin
askelsin elämääni, rannan viivaa

jätin jälkeni maininkeihin
tunsin tuulet
kastuin, kaaduin
hiekassa horjuen
hengitin, huokasin

vaiheittain vaikeni tuuli.

Tässä minä seison
paljain jaloin
löydetyt aarteet sylissäni
edelleen matkalla
määrääni myöten

kulkien rantoja
kohdaten uudet

huulilla maistan
makeat muistot

suolaiset nuolaisen pois.

Polulla

Sammaleella se lepäsi:
sudenkorennon siipi

odotti ottajaansa
polulla kulkevaa kirkasta mieltä.

Muistaa metsän sisin.
Osata nöyrtyä elämän edessä.

Tiesitkö?

Syvällä metsässä
puunrungon raossa
asuu rakkaus.

Minä kuiskasin
sen sinne.

Näen sinut

Olet toivekuva, haaveni
unelmani hento.

Kun öisin katson taivaalle,
siellä olet tähdenlento.

Sinä olet

Sinä olet
pihkaa, pahkaa
tuoksuvaa sammalta
metsälinnun sulka
ja vanamon kukka

olet tuntematon polku
kolo kiven alla
pala männyn kaarnaa
ja lentelevä lehti

joka askeleella
oksan hipaisulla
ajatusta, aikaa
herkkyyttä, toivoa

kirkasta, kimaltavaa vettä.

Omana itsenäsi

Ole sinä omana itsenäsi,
sillä en minä sinua siksi rakasta,
että täyttäisit toiveeni
odotukseni, suunnitelmani
haaveitteni hennot säikeet.

Etsin sinusta
ihmistä

käsin kosketeltavaa
kyynärpäissä tuntuvaa

hymyä, katsetta, naurua
vakavaa sanaa, vakaata otetta
käsien lohtua, päättävää otsaa
silmien lämpöä, sormien hellyyttä

itsesi näköistä
tuttua, tuntematonta

ihmistä ihmisen viereen.

Ei sadetta, kiitos!

Kuivuus on ajanut
hiekkatien pölyn
etsimään uusia tuulia.

Sinun sydämesi
se on lennättänyt
syrjäisiä teitä
minun saharaani.

Tänään täällä
ei kaivata sadetta.

Laulan sinulle tuulesta laulun

Huomaatko,
minä en helise, enkä leiju.

Tartun kiinni verkkoihin
karheilla, kylmillä käsillä

vedän, suoristan
laskostan, kerään
otan, kerään
valmistan, ojennan

seison vierelläsi
piittaamatta tuulesta

ei se minua saa taipumaan,
eikä lävitseni ole vielä
yksikään viima päässyt.

Mutta iltaisin,
kun tulipesä hehkuu
ja pimeys on ulkona
päästetty irti,

laulan sinulle tuulesta laulun
kuiskaan hiljaisia sanoja

kerron kevään kirkkaista puroista
tai taivaan takaisista maista,

miten kaislikolla vaimea kahina
tai minulla, jos tahdot hipaista,
on aurinkoinen ihon pinta.

Yön kiitäjä

Palanut, kulotettu
sydämeni

ennen niin
tuhkasta harmaa

puhkesi kukkaan
perhosten tulla

hiiltyneellä rungolla

on yön kiitäjän
hyvä levätä.

Iltatuulen alla

Sinun sylistäsi
löytyy lempeys ja valo

saat sydämeni avautumaan
kehräämään syviä sanoja.

Sieluille se on silkkilankaa.

Tämä päivä ja huominen

En minä vioistasi välitä
enkä menneisyyttäsi murehdi.

Tämä päivä ja huominen
oikovat mutkat
ojentavat kätensä
ovat läsnä meissä

opettavat korkeintaan kunnioittamaan

ajan viemää
hetken tuomaa
hellyydestä avautuvaa aikaa.

Loppumattomasta ammentaen

Ilosta syntyneet purot
itkuni riemukkaat joet
niistä saa maani voimaa
kasvaa vahvaksi valoa kohti.

Ja silloin kun silmäkkeistä
alkavat vedet virrata,
tummat tulvat kuin surunauhat,
silloinkin sanon:
- Näin on hyvä!

Sillä sieluni on osa syvintä
loppumatonta lähdettä
virtaavaa voimaa
tukea
siltaa sinulle
kulkea kohti
ylittää omat kuohusi
koskiesi katalat vedet.

Etätöitä

Tuotantosuunnitelmien, investointiseurannan ja
palvelujen kehittämishankkeiden keskelle
voi kadota päiväkausiksi
viikoiksi, vuosiksikin,

mutta henkilökohtaisella tasolla tapahtuva
lähituntien spontaanilta pohjalta ponnistava
viestintästrategiasi
pitää huolen siitä,

että työmotivaationi säilyy vireänä,
kun me työskentelemme
yhdessä
kaksin
kotona.

Charlie Parker ja minä

Nahkasohvan nurkassa
kiekko rahisee
sydämentykytystahtia

hymystä raskaat luomet
syleilevät hämärää huonetta
musiikki
tuo tunnelman
luo sävelkulut
ilmassa sormien liikkeet
tavoittelevat taivaita.

Sieluni on ääretön,
vaan ei äänetön:

saksofoni soi.

Toisinaan tarvitaan aikaa

Toisinaan tarvitaan aikaa ajatella
toteuttaa itseään
kehittää katsetta
toisenkin nähdä

sillä itsensä muotoisena
on hyvä
syventää sydämen äänet
ja tarttua toiseen huomiseen.

Ei leikitä enää

Sataan laskettuani
käännyn
etsiäkseni sinut.

Taidat olla
piiloutumisen
mestari.

Tässä minä
yritän
yhä löytää.

Trennliedchen

Mein Weg ist wirklich wunderbar,
er leuchtet wie ein Stern.
Er ist ein kunterbunter Traum
und hält die Sorgen fern.

Es sticht kein Dorn, in mir so warm,
ich fühle mich geborgen.
Ich schlafe ein und wache auf,
vor mir ein neuer Morgen.

In meinem Leben ruht es so,
ich könnt' die Welt nun küssen.
Was hilft mir all das Glücklichsein,
wenn wir uns trennen müssen.

Pieni erolaulu

Mun tieni hehkuu kirkkaana,
se loistaa niinkuin tähti,
kuin uni monenkirjava,
pois huolet kauas lähti.

Ei pistä ruusut, lämmin olo,
mun hyvä olla on.
Nukkuessa, herätessä
on elo huoleton.

Päivissäin on rauha niin,
ett' elämää suudella vois',
vaan mitä onnesta jäljelle jää,
kun erkanemme pois.

Hämärän väistyessä

Sinä aamuna
minä pakkasin matkalaukkuni
pyysin sinua
kertomaan seuraavalle,
kuinka paljon rakastat.

Sillä elämän pienet asiat
ovat siltoja ylittää pauhaavat kosket
ja elämän suuret sanat
pitävät jalat kuivina,
jos putoaa.

Minun sieluni kastui silloin
sinä aamuna
hämärän väistyessä,
kun taivas ei tiennyt,
kuinka harpata harmauden yli.

Toisinpäin on myöskin näin

Joka kulkenut on valosta pimeään,
hän valon aistii, tietää,
joskus varjojen keskellä nimeään,
saati valoa on vaikea sietää.

Valossa vaeltavan mieleen piirtyy,
hän kokee sen toisinpäin:
jos kirkkaasta valosta varjoon siirtyy,
on sokeutunut hetkittäin.

Sanojen takana toiset sanat

Kun ymmärrystä on annettu
lukea toisen mieli
kuulla sanojen taakse
nähdä silmissä
sielu, sydän
merkityksistä syvin,

on rakkaus tärkeämpää
kuin koskaan.

Sillä oikeudenmukaisuus
kantaa hartioillaan
harkitsevaa viittaa

ja lempeys on
portinvartijana vakaa,

eikä ole mitään syytä pelätä
harhailevia askeleita
pimeässä hapuilevia käsiä
paluuta ihmisyyteen.

Ymmärryksen avain
on tallessa
luottamuksessa
syvällä sanojen takana.

Pilvettömän taivaan kauhakuormaaja

Sillä oli valtavan isot kädet
vahvat, luiset, syliinsä koppaavat
joskus se kaappasi pihalla
ohimennessään kieputti
kauhakuormaajan lailla
käsissään karusellissa
ylös, alas, ylös, alas

me kikatettiin
kerrottiin sille kissajuttuja
se kaivoi taskunsa pohjalta
Kiss-Kiss -karkkeja
laittoi kätensä ristiin
oli unohtavinaan meidän nimet
salaa tiedettiin, ettei unohtanut
muisti aina
se oli hassu, viisas ja vahva.

Nyt ne valtavan isot kädet
kantavat kevyinä ajatukset
antavat ajalle pilvettömän taivaan

sen, mitä lapsena tunsi
ja aikuisena ymmärsi:

viisauden olla hyvä

sellainen kauhakuormaajan kokoinen
pienen hymyn levyinen.

Äidilleni

Minä olen oksa, puustasi katkennut

tuulien riuhtoma, ilmassa kiitänyt
vesissä virrannut maailmojen matkaaja

sinusta siunattuna
saanut matkalle mukaan
kyvyn juurtua kaikkialle

tahdon edelleen
väsymättä
vuodesta toiseen
avata silmut, luoda uutta

kohota kohti taivasta, tähtiä
ojentaa oksiani avaran ääriin

sinulta olen saanut sieluuni soinnin
perinnöksi annetun ajatusten lennon

sen voimana soi kesäkasteen kirkkaus
ja sen valo välkehtii pilvien lomasta.

Sinulle

Kun päivät alkavat pidetä,
valo taittuu hiuksissasi
harmaasta hopeaksi

tummat lammet
silmiesi sinessä
sinussa puhuvat

astut askeleen kohti
tulevaa, tyyntä, tietäen
hymyssäsi vuosien viisaus.

Syntymättömät toiveet

On päiviä,
kun taivas sataa suolaista vettä

surun, kaipauksen lähteillä
laineet lammikoituvat
kiertyvät kastehelmiksi

kumpuavat sielusta kuin
syvät sanat
lausumattomat lupaukset
ohikuiskatut toiveet

pyrkivät poskilta syliin
kastelevat kuivaa maata.

Saanko jäädä viereesi?

Saanko lohduttaa mieltäsi,
rakastaa vähän,
nyökätä hiljaa ja istua tähän?

Voinko ojentaa käden
ja olan tai sylin,
lievittää surua, kun se on ylin?

Ehkä jotakin kertoa
ja sanoa hyvää,
ettet tuntisi lohduttomuutta niin syvää?

Tai ollaan vain, kuullaan,
kuinka hiljaisuus käy,
kun tunnetta lohdun ei kuulu ei näy.

Suolainen tuuli
armahtaa surevan silmiä

Antaa laineista heijastuvan valon
kirveltää ripsien lomaan.

Mereltä minä poimin voimani
annan tuulen tuivertaa ja aaltojen vuolla,
kunnes mieleni on
sameaa sumua ja vesiheinän karheutta.

Vaikka yksinäisyys ei ole vielä vajaa,
suru ei ole enää sama:

se rakentaa kotiaan uudelleen

laiturin nokkaan
rannan kiviin
suolaisiin tyrskyihin

puhaltaa ajatuksiini uusia tuulia
karaisee kestämään elämän virrat.

Pimeästä kirkkauteen

Suru on
ulospyrkivä pimeä ikävä

sammuneen katulyhdyn varjo
hiljaisella tiellä,
missä kosteaksi itketyissä kivissä
näkyvät eilisen sateen jäljet.

Suru on
häikäisevä kirkkain valonsäde

tuuleen puhallettu tupasvillatupsu
korkealla taivaalla,
missä se leijailee sietämättömän kevyesti
tavoittamattomissa

kohoten korkeuksiin
kohti taivasta.

Toiset lähtevät, toiset jäävät

I

Pilvipurjehtijat saapuvat
aina äänettömästi
välkehtivästä valkeudesta

lipuvat hiljaa, huomaamatta
mantelipilvien takaa

poimivat
noukkivat
ottavat omansa
ajallaan
odottamatta.

II

Sinne sinäkin
nousit
mukanasi
monta muuta

jätit jälkeesi
utuisen vanan

sumun
sateen
sen siniset sävyt.

III

Täällä on tänään
taivas jälleen kirkastumassa

pilvetön puna
illan noustessa

kivien päällä vielä kaste.

Valon lähde

Sinä kannat pimeään
kirkkauden kehrän

syvimpään synkkään
luot valoisat varjot.

Sitä valoa
ei tuulikaan taita

eikä sade saa
sitä sammumaan
koskaan.

Sinun liekkisi
on valettu öljyyn
vettä vahvempaan virtaan
kuin ikuinen ihme

elämän
rakkauden
mittainen matka

puhdas
loppumaton

on lahjoista suurin.

Ilovärisekoitus

Otin monta purkkia,
siveltimen, sudin, sienen
sekä palettini pienen,
sanoin: "Ei saa kurkkia!"

Murheesta teen jonkun muun.
Siispä annoin ilovärin
lentää pitkin vedoin märin
sekoittua maalattuun.

Vedenvirtaa pitkin näin
värisekoitusten kaaren
synnyttävän ilon saaren,
joka loisti sinuun päin.

Kuvan eteen sinut vein.
Tummat mietteet vaalenivat
kirkkaat sävyt, kuvat kivat
sinulle ne iloks' tein.

Sävyistä syvyys

Valolla on
vaaleat varjot,
sumussa vain
rajaton maa,

valoinen sumu
niin vaikea nähdä
ja pimeä:
se ei mitään jaa.

Hyvyydestä

Hyvyys avaa oven
pimeänkin käydä

laskea taakkansa
avata ajatuksiaan
kertoa kertyneet kuormat,

jotta se voisi jatkaa kulkuaan
kohti valoisampia päiviä.

Sanoja tyhjään tilaan

Kun on tarve saada aikaan,
pakottamalla vaikka
sanoja tyhjään tilaan

tietäen, ettei siitä mitään
ja kuitenkin halu näyttää.

Kun on tuska ja levoton mieli,
sitä yrittää sormien välistä
valuttaa sanottavaa
kiskoa vaikka kynsien alta
- ihan sama sattuuko.

Ei se ole luomisen tuskaa.
Se on sitä, kun mieleni fuskaa.

Mikä onkaan hyvä runo?

Mikä onkaan hyvä runo?
Kirjaa tunne, säe puno.
Sanat merkitysten takaa
mielipiteet runon jakaa.

Onko oikein kirjoitettu?
Syyniin joutuu vanha kettu:
kieliasu, rytmin toisto,
ehkä väärän sanan poisto.

Onko sisällöltään vakaa?
Ihan sama! Mikä takaa
muka hyvän? Oma mieli
olkoon hyvän runon kieli.

Arvioinnista kun luovun,
sanan mahdista vain juovun,
nautin, miten runo antaa
mieleen ilon, surun kantaa.

Tarinointia

Sinä iltana öljylampun
liekki lepatti hiljalleen,
oli hämärä hiipinyt pihaan,
sumu levinnyt ylle veen.

Olin pirtissä yksinäni,
mietin mennyttä, tulevaa,
minne tie minut vienyt onkaan,
mihin jalat mua johdattaa.

Siinä istuen mietteissäni
kuulin ovelta kolauksen,
astui pirttiin vanha nainen,
hän tervehti kumartuen.

Saako vieras näin astua tupaan,
voiko hän vähän levähtää?
Ei häiritä tahtoisi ketään,
on jo ulkona pimeää.

Ei täältä käsketä ketään
poistumaan yksintein,
siispä otin liedeltä vettä,
kupin teetä hänelle vein.

Siinä istui ja nuokkui hän hiljaa,
kertoi matkansa määränpää
oli kulkea talosta taloon,
ajatuksia herättää.

Oli matkalla ikuisuuteen,
nyökkäs hymyillen sanansa hän,
oli elämä kohdellut hyvin,
tiesi pian hänet jättävän.

Kertoi, tarinoi, mennyt se aika
oli kauaksi kadonnut pois,
ihmiskohtalot kulkivat siinä,
siitä kirjoja kirjottaa vois'.

Pyysi yöksi hän saada jäädä,
pirtin penkille pitkälle vain,
ei viipyisi kuin aamunkajoon,
siispä naisesta yövieraan sain.

Ilta kääntyi yöksi ja lepoon
kukin taholleen majoittuen,
lamput sammuivat, vain tulen loimu
liettä valaisi pian hiipuen.

Aamun valo välkehti puissa,
talon valaisi niin hiljaisen,
oli vanhus vihdoinkin siellä,
minne pyrkinyt vaeltaen.

Pääsi polulta, maailman teiltä
tuvan kautta hän tulevaan,
vai mennytkö mukaansa otti,
syvään syliinsä kehto maan.

Taas pirtissä yksinäni
istuin, mietin mä tulevaa,
minne tie minut vienyt onkaan,
kenet eteeni johdattaa.

Paljon asiaa lyhyesti.

Kahdeksan värssyä ystävyydestä

I

Ken sydämessään valoa kantaa,
valostaan myös muille antaa,
siis ystävääsi helli, halaa,
saa ystävyyden liekki palaa.

II

Ystävyys on peili syvä:
jaat, saat ja annat.
Ystävällä sydän hyvä,
sen säteilyä kannat.

III

Ystävyys on myrskylyhty,
se pimeän tuulet taittaa,
muista aina hyvällä säällä
se lataukseen laittaa.

IV

Hymy, käsi, halaus anna,
ystävyyttä helli, kanna,
kuule, auta, ole, tue,
ystävyys näin päälles pue.

V

Ystävyys on kirjopesu
kulutusta kestävää,
kylmää, kuumaa hyvin sietää,
kirkkaat värit säilyttää.

VI

Ystävyys on sananjalka,
vanha kanto, erämaa,
jossa sydän, sielu, mieli
virkistyen vaeltaa.

VII

Ystävyys on ilon mieli,
hymyn aikaan saava,
ystävyys on puhdas kieli,
hyvyys eikä haava.

VIII

Ystävyys on sydänpesä,
ikuisuuden talo,
ystävyys on keskikesä,
lämpöä ja valo.

Kahvikuppineuroosi

Käteni kiinni sinussa
kestän pitkänkin päivän.

Spektroskopiaa

Silmiesi säteily
sähköisti sydämeni.

Runopursu kukkii

Suolla
hiljaisuudessa
rakkaudesta.

Kädenvääntöä

Rakkaudesta
taistellen
hiljaiseen tyveen.

Aselepo

Valkoiset lakanat
lippuina
antaudun.

Sääennuste

Jonakin päivänä
sateen alkaessa
sinä aukaiset varjosi
ja taivas katoaa.

Arvottavia ominaisuuksia

Patina on vain pintaa.
Sydän sykkii syvemmällä.

Neljä suhteellista

I

Kurottaen kesään
tuntien talven
keväällä kasvaa
syksyllä sykkii
vuosina viisaus varttuu.

II

Tuulessa taipuen
katkeamatta kestä
vai
väsyneenä vaipuen
kaatumista et estä.

III

Valu vetenä
kohise koskena
lähde sydämestä toiseen.

IV

Minusta sinuun
ei ole pitkä matka.
Ajatus ehti jo perille.

Luut ja muut terveydelliset.

Jalkaterän luut

Kolmen vaajan ja kuution yllä
on yhteensä kolme pöytää.
Isoimman pöydän laidalta
kaksi sesamia löytää.

Veneluu, se löytyy telakalta
ja lateraalisen kielekkeen alta
löytyy iso kantaluu

ja kaiken yllä, on varvas kyllä,
se viidesti ojentuu.

Perusverenkuva

Punasolut, valkosolut
Hb ja trombo,
siinä on verenkuvaan
tarvittava kombo.

Mittauksessa verisolun
tilavuus ja määrä,
tulos kertoo oikean
tai mikä määrä väärä

on, kun verikoetilanteessa
veri putkeen siirtyy,
yleiskuva solujen
tilasta näin piirtyy.

Punasolun Hb
happea kerää,
keuhkoista verenkiertoon
kuljettelee erää,

toisaalta se hiilidioksidia
myös poistaa
ja terveenä väsymättä
samaa kaavaa toistaa.

Jos sen määrä jostain syystä
ei viitearvoon yllä,
silloin todennäköisesti
anemia kyllä

raudanpuutteen, ehkä jonkun
muunkin syyn näyttää,
lisätutkimuksissa on
hyvä aikaa käyttää.

Ja jos taas sen lukemat
korkealla ois',
silloin hapenpuute tai muu
hankaluutta lois'

ja tarkempien tutkimusten
tieto aina kantaa,
olotilan vakaamman
se potilaalle antaa.

Hematokriitti tilavuuden
osuuden näyttää,
siis kuinka punasolujen
osuus veren täyttää,

se ja punasolu
samansuuntaisesti toimii,
pitoisuuden arviointi
poikkeavuudet poimii.

Punasoluindekseillä
ominaisuudet puetaan,
solukoot, Hb:n määrät
ja konsentraatiot luetaan.

Tarkasti ne mitataan
ja vaihtelutkin piirtyvät,
kun mittauksista tuloksiin
ne nopeasti siirtyvät.

Valkosolujen tärkein työ
on tulehdusta torjua.
Jos määrä nousee rajusti,
niin terveys alkaa horjua.

Hieman yli viiterajan
ihan normaalia on,
vaan jos pysyvää on muutos,
saa olla levoton.

Liian pienet määrät
valkosolujen on noissa
viruksissa, sairauksissa,
hoidoissakin, joissa

määrä tippuu hetkeksi
tai pysyväksi muuttuu,
silloin jatkotutkimus
asiaintilaan puuttuu.

Trombosyytit hyydyttävät
ihmisessä verta,
jokaisella oma määrä
ei muutu joka kerta,

vaan sitten jos on liikaa,
tai aivan liian vähän,
on tutkimusten puututtava,
tartuttava tähän.

Verenkuvaa mitatessa
viitearvo pysyy,
vaan jos määrät muuttuvat,
se tutkimusta kysyy.

Ei ihme, että verenkuva
usein tutkitaan.
Sen kautta vastaukset monet
terveyteeni saan.

Kun joku puhuu

Ääniaalto kulkee
pitkin korvakäytävää
ja siellä ihan perällä
se kalvoon väräjää.

Tärykalvon toisen puolen
kolme luuta lyö
ketjureaktion tapaan,
se on niiden työ.

Vasaran, alasimen
ja jalustimen kautta
simpukan ikkunasta
ääniaaltolautta

lipuu aistisoluihin
ja hermosäikeisiin,
kaikki äänet erotellaan
kätevästi niin.

Suodatetut aistimukset
eteenpäin nyt jatkaa
kuulohermojunanrataa
pitkin vielä matkaa,

määränpäänä niillä
on kuuloaivokuori
ja siellä sitten tulkataan
koko puhevuori.

BePaPoVe eli tuttavallisemmin
hyvänlaatuinen asentohuimaus

Kun sisäkorvan käytävällä
joku sakkatukko on,
niin silloin kaarikäytävältä
viesti tasapainoton

lähtee virheaistimuksena
ja päässä pyörähtää,
huimaa, kiertää, rullaa hetken,
kunnes olo selviää.

Se ei koskaan kestä kauan,
sekunneissa lasketaan,
vaikka huono olo olis',
on huimaus hetken vaiva vaan.

Mutta huimaussekunnit jos
joka päivä toistuvat,
silloin apu asennoista
auttaa, jotta poistuvat

korvan sakat, että voisi
ilman seinän tukea
herätä ja nousta aamuun
sekä päälleen pukea.

Ota yhteys lääkäriisi,
jotta tila todetaan,
silloin hoitaa oikein osaat,
huimaus saadaan hallintaan.

Kämmenen luut

Vene seilasi loisteessa puolikuun,
se kolmion kiersi ja herneluun.
Kiersi kulmaa isoa ja pientä takaa,
ranteesta jatkoi vielä kohti hakaa. *

* Käännetty vapaasti saksankielestä, pohjana
lääketieteenopiskelijoiden muistisääntö.
Muistisäännön alkuperäinen laatija ei ole tiedossa.

Stressi hallintaan

Stressi, kiire päälle painaa
miten päästä irti siitä,
silloin kun ei arjen lepo,
rauhoittuminenkaan riitä?

Kun tiedostaen nykyhetkeen
keskittyy ja stressin taittaa,
silloin tuleva tai mennyt
pahan olon syy ei haittaa.

Saatat harjoitusten kera
elämällä nykyhetken
stressistä näin päästä, luoda
tietoisesti „mielen retken".

Tämän maailman tuolla puolen

Silmissäsi on
kauriin katse
kuin vaistoaisit vaaraa

vain välähdyksen verran
viivyt vierelläni

ja olet taas poissa

sillä ajatuksillasi on kaukaisuudessa koti
tämän maailman rajojen takana

missä unohdusta ei ole
odotus ei tule

ja jokin muu on
todellisempaa
kuin käteni kosketus.

Eläinmaailman ihmeellisyyksiä.

Neiti Ryhävalas

Matala sointi veden pintaan,
kaikuna kiiri neidon rintaan.
Urosvalaan kutsuääni
sekoitti niin kovin pääni,
pohti neiti ryhävalas
sukeltaen aaltoon alas.

Syvemmälle pohjaa kohti
ryhäneidon matka johti.
Mietti näitä sukeltaen,
viisautta hyvää haen.
Jos on tarkoitettu kerran,
että kohtaan valasherran,

silloin saa hän nähdä vaivaa,
pitää ensin esiin kaivaa
minut, sillä hyvinvoinnin,
parisuhteen soidinsoinnin
täytyy olla perusvakaa,
ei irtosuhde evän takaa.

Ihan pihalla

Kaksi kissaa alla pöydän
miettii, mitä ruoaks' löydän:

hiiripaisti, hiukopala,
ehkä sittenkin söis' kala,

myyräpitko, linnunsiipi,
miettivät, „Jo ilta hiipi

tännekin, nyt hyvää yötä,
aamulla ajatustyötä

jatkaa voi." Näin totes' toinen,
toinen aivan samanmoinen

tähän raukeasti nyökkäs',
samalla kun hiiri hyökkäs'

alta talon portaan rakoon.
Heräs' kissat, hiiri pakoon

ehti, vaan nyt alla pöydän
tyhjää on ja kissat löydän

hiipimästä talon nurkkaa.
Hiiri vintinkolosta jo kurkkaa:

„Ähäkatti, kissanruokaa,
purkista siis, noille tuokaa!"

Mauno Mutakalan kuiva rakkauselämä

Oli kala, jonka koti
pahaa vesipulaa poti.

Kesän tullen kuivui uoma,
eläimiltä janojuoma

loppui, piti reitti löytää
kohti uutta pitopöytää.

Maunon koti oli, pysyi
aina vakaana, se kysyi

voimaa tosin, koska kaivaa
mutaa täytyi, nähdä vaivaa.

Vaan sai kaivaessaan näyttää,
miten uros voimaa käyttää.

Vaihe tärkeän työpuhteen
luoda naaraaseen vois' suhteen.

Mauno kaivoi, taidot esiin
toi ja ui näin „uusiin vesiin“.

Vaan pian suhde kohtas' karin
tämän mutakalaparin,

liian kuivaa, helle hohti,
kosteus haihtui pesää kohti.

Mutapainiin ei ollut tilaa.
Näin se kuivuus suhteen pilaa.

Viljo on hyvin fiini varis

Voisi luulla varis että,
osaa taidon välttää vettä,
mutta Viljo, varis musta,
seuraa veden houkutusta.

Pyrkii aina aamutuimaan
joka säällä rantaan uimaan,
siiven nostaa, pesee selän,
laulaa, vaakkuu: „Nyt mä elän!"

Nokan kärki sukii takaa,
paras tulos: liike vakaa!
Kahlaa vielä pitkin rantaa,
pesu hyvän olon antaa.

Eikä suotta säihky siipi,
pian jo neiti viereen hiipi.

Sulan kiilto takaa (Aivan!)
neitiseuraa. Se maksaa vaivan!

Kalalokin juhlapäivä

Juhlapäivä saapui taloon,
majakka kun syttyi valoon,
merkkivalo kutsutuille
siivekkäille herkkusuille.

Kutsuttuna juhlaan monta
merenrannan hulvatonta
valkotakkia ja „pelkkää"
sinisorsaa, pari telkkää.

Tarjoilussa paljon kalaa,
pientä meren hiukopalaa
sekä rapua ja katkaa,
listaa voisi vielä jatkaa.

Täydellinen juhlapäivä!
Kuitenkin on huolenhäivä
kalalokin ohimolla:
ei niin hyvä yksin olla.

Kalalokki meren yllä
näki monenmoista kyllä,
vaan on vaikeutena lennon
saada katse neidon hennon.

Siksi yhä yksin kiitää
tyrskyissä ja tyyneen liitää.
Toivo virtaa vielä toki,
niin kuin suiston vuolas joki.

Siinä ajatuksissaan ei huomaa
ystävänsä Kaarlon tuomaa
vierasta, on neidon nuoren
kaunis väri sulkakuoren.

Lahjan tervehtien antaa:
„Kaunis paikka merenrantaa
valittu on juhlaan tähän.
Onnitella voin kai vähän?"

Samassa jo muistot palas',
tervehtijää lokki halas'.
Punastui myös nokan pieli,
tyytyväisnä lauloi kieli.

„Kyllä kiitos! Kaunistuneen
huomaan sinun, on kuin huumaan
vaipuisin mä outoon…", nokki
lahjakalaa kalalokki.

Sillä neito vanha tuttu
lapsuudesta oli, juttu
luisti, juhlailta hohti
kirkkaampana päivää kohti.

Näin yllättäen elämässä
kenen tahansa voi tässä
käydä, yksinolo vaihtuu
kahteen nokkaan, huolet haihtuu.

Kuhan nuha-aalto

Olipa kerran kuha,
jota vaivasi nuha.
Pian aivastusta viisi
vedenpintaa kiisi.

Täytyi ihan puida,
miten voikaan uida
nyt kuha nuha matkassaan,
kun kuhanuha vaivaa vaan.

Lääkärinä hauki
käski: „Suu nyt auki!
Kun nyökkään, sano aa
ja ei saa aivastaa."

Kuha suunsa avasi,
atshii:na aa:nsa tavasi.
Ei tehnyt kuha niinkuin piti
ja samassa jo flunssa iti.

Se tarttui kautta evän
ja ehkä myöskin levän
nuhaisasti laajaan alaan,
isoon sekä pieneen kalaan.

Liike järven pinnassa
tarkoittaa, että rinnassa
joka kalan nuha muhii,
pian jo hyökyaalto suhii
pitkin poikin järven selkää…

Nyt, kuka onkimista pelkää?

Suden uni

Susi unta tavan takaa
näki, että saaliin jakaa
kanssa toisen turkin harmaan
yhteisössä oman armaan.
Eli yksin laumaa vailla
metsien ja vuorten mailla.

„Aika käydä ruoan perään,
sitten ajatukset kerään.
Täysi vatsa avun antaa
lepoon, unten maille kantaa,
jossa yksin ole en,
kohtaan sudet unien."

Kuu ja aika ohi kulki,
usein susi silmät sulki.
Vietti aikaa haaveissansa
kuvitellen, susikansa
eli, asui metsätarhaa
ei se olisikaan harhaa.

Yksin eli, yksin vaipui,
hangen alle vanhus taipui.
Kokonaan jäi elämästä
elämättä osa tästä.

Näin yksinäisyys uniin ajaa,
kokemusten määrää rajaa.

Pikku-Siiri

Pikku-Siiri, kotihiiri
uunin alla, ikkunalla

vikkelästi vilahtaen
häntä lasiin kilahtaen

sängynpäädyn
kangaskäädyn

väliin puoli tusinaa
poikasta kuin rusinaa

pyöräytti Siiri,
on nyt äitihiiri.

Lapset kantoi,
kodin antoi

uuden halkopinosta
hellanvieren vinosta

tukilaudan kolosta,
nauttia voi olosta.

Silloin tällöin alta pöydän
pipanoita Siirin löydän,

etsinyt on ruokaa kai,
herkkupalan lapset sai.

Rakastunut punarinta

Rakastunut punarinta
punakaulan pörröpinta
heiluu reunalla aidan,
nyökkäilynkin taidan.

Neito kaunis silonokka
käännä tänne päin jo kokka,
lennä omaan pesään,
lintulapset kesään
saadaan kiviaitaan,
tänne juuriraitaan.

Laulun, lennon, madonvedon
luona kauniin kukkakedon
näin oppivat he aidot
nyökkäilynkin taidot.

Tämä runokirja sisältää:

Vuosi kiertyy, aika kulkee.

Minusta sinuun ei ole pitkä matka.

Paljon asiaa lyhyesti.

Luut ja muut terveydelliset.